ROUSSEAU

N'A-T-IL RIEN FAIT POUR SA PATRIE?

OU

DÉMONSTRATION

DU CERCLE VICIEUX, DANS LEQUEL TOURNE L'OPINION, AUSSI ERRONÉE QUE DÉSHONORANTE POUR LES GENEVOIS, QUE PROFESSE SUR CETTE QUESTION UN PROFESSEUR DE NOTRE ACADÉMIE.

Mon cœur a saigné lorsque j'ai su qu'il avait pris la plume contre Rousseau.

Page 5.

GENÈVE,

CHEZ D. DUNANT, LIBRAIRE-ÉDITEUR,

ET AGENT D'ENTREPRISES RELATIVES A LA LITTÉRATURE ET AUX BEAUX-ARTS,

Tour de l'horloge du Molard.

IMPRIM.^e DE LUC SESTIÉ.

1828.

ROUSSEAU

N'a-t-il rien fait pour sa patrie?

PARCE QUE le soleil ne luit pas uniquement pour une seule région du globe terrestre; parce que le Christianisme ne répand pas ses bienfaits sur un peuple seul, serait-il conséquent de dire que les habitans d'un pays quelconque n'ont aucune obligation à l'Être Suprême qui les fait jouir des avantages de la lumière et d'une fécondante chaleur, et que le peuple Chrétien qui l'habite ne lui doit aucune reconnaissance pour l'inappréciable trésor des vérités consolantes de la Révélation? Non : certes, qui le prétendrait, serait à juste titre regardé comme faisant un faux raisonnement.

C'est cependant dans un cercle aussi et plus vicieux encore, que tourne l'opinion, aussi erronée que déshonorante pour les Genevois, que *professe* un honorable Professeur de notre Académie, dans une brochure qu'il a publiée, sur la question qu'il élève, de savoir si Rousseau a rendu à la ville de Genève des *services suffisans* pour qu'elle lui fasse hommage d'un monument public qui atteste sa gratitude. Il y a même dans la solution négative de M. le Professeur, une circonstance plus aggravante que dans l'affirmative que l'on donnerait sur les deux premières questions, c'est que *Rousseau est né à Genève;* or, si cette ville ne lui doit pas *particulièrement* de la reconnaissance, qui lui en devra?

Avouons-le, toute la terre, toute l'étendue du monde intellectuel, lui en doivent, car qui a reculé plus éminemment que lui, les bornes de l'entendement humain? Mais parce que c'est un génie universel, prétendre que sa patrie ne lui doit aucun hommage éclatant, sous le ridicule prétexte qu'il n'a rien fait *en particulier* pour elle, équivaut à nier les bienfaits du soleil ou du Christianisme. S'est-il jamais échappé une opinion plus erronée de la plume d'un académicien?

Comment s'en rendre compte? Comment le concevoir autrement qu'en y voyant une nouvelle preuve que les grandes lumières du genre humain, les hautes conceptions du génie, ne sont jamais émanées, ou seulement par une exception qui prouve la règle, du sein d'une Académie, d'une Société savante quelconque?

Pour ne parler que des modernes, Newton, Calvin, Raphaël, Christophe Colomb, Guillaume-Tell, Dante, lord Byron, Rousseau enfin, étaient-ils académiciens ? Ne nous étonnons donc pas que le bonnet doctoral n'ait aucun privilége exclusif, et qu'au contraire il fasse quelquefois rétrograder l'esprit humain.

J'en suis vraiment fâché pour ce Professeur, dont le patriotisme, l'esprit républicain, le caractère moral, les connaissances littéraires, le mérite enfin, sont aussi honorables qu'exemplaires ; mais malheureusement de pareilles anomalies ne sont pas rares. Je le déclare, mon cœur a saigné, lorsque j'ai su qu'il avait pris la plume contre Rousseau.

J'en suis vraiment fâché pour l'honneur de notre Académie ; j'en suis vraiment fâché pour celui de la patrie ; mais j'aime à croire que M. le Professeur, par son sophisme, a voulu assurer un entier triomphe à Rousseau et dissiper tous les nuages, certain qu'il serait lui - même victorieusement réfuté.

Cependant, comme le mal est fait et que je n'ai aucune preuve matérielle qu'il ne le soit pas *intentionnellement;* qu'au contraire, j'ai celle-ci qui n'est combattue que par une induction intellectuelle ; qu'ainsi mes doutes peuvent être mal fondés, et que, dans tous les cas, la réfutation est nécessaire, même pour remplir les vues cachées de M. le Professeur, si elles existent, j'ai surmonté mes scrupules : j'ai pensé que la circonstance est trop grave pour garder le silence. D'ailleurs, n'ayant point eu le déplaisir de pâlir sur les bancs de l'Auditoire, ni l'honneur de passer sous la férule de M. le Professeur, je ne dois hommage qu'à la vérité, et je puis le rendre à celle-ci sans encourir aucun blâme. Enfin, les considérations de toute espèce qui peuvent enchaîner les meilleurs Citoyens, ceux qui sont le plus indignés contre M. le Professeur, sont nulles pour moi.

Il m'est cependant très pénible de réfuter un Citoyen qui a tant de titres à la considération publique ; mais c'est par cette raison ; c'est à cause du danger et de l'influence *inévitable* de son sophisme, que je dois le combattre : sauf à être moi-même écrasé si je succombe ; il y aura alors au moins quelque dévouement de ma part d'avoir suivi et satisfait mon impulsion naturelle, et ce sentiment me consolera.

Oui ! elle a porté son coup cette fatale opinion de M. le Professeur, *que Genève ne doit rien à Rousseau :* plusieurs Citoyens qui se proposaient de souscrire pour lui élever une statue, y ont renoncé. Je le sens, il faut un courage surnaturel, le profond sentiment de l'humiliation nationale qui résulterait de ce sophisme, et une intime conviction de ma part, pour entrer en lice, lorsqu'on a d'aussi faibles titres que moi pour donner du poids à une réfutation ; mais j'espère que la force de la vérité y suppléera, et que comme son triomphe lui sera dû sans partage, l'influence n'en aura que plus de succès. Si je ne dois convaincre personne, l'honneur seul de n'être pas confondu, *par mon silence*, parmi les détracteurs de Rousseau, me suffira.

Quoi ! l'on n'élèverait des statues qu'aux grands hommes, qui n'ont de titres à cet honneur que parce qu'ils ont été directement et exclusivement utiles à leur patrie, et nous ne devrions rien à ceux qui ont bien mérité de l'humanité entière? Quelle ingratitude et quel égoïsme national !

Dans ce système, Newton et Byron n'auraient aucune statue en Angleterre, Colomb et Dante, en Italie, Calvin et *Rousseau*, à Genève ! Qui leur en élèvera donc? Les Français ou les Chinois : réellement je ne vois pas lequel de ces deux peuples aurait plus de raisons pour le faire. Je conçois que la première de ces deux nations, par l'état de ses lumières, profite plus que la seconde, des avantages que Newton,

Colomb, Rousseau, etc. ont acquis à l'humanité entière; mais si tous les peuples étaient,
comme ils y ont droit, également éclairés, quel
motif aurait l'un plutôt que l'autre de leur en
élever? Aucun ne le ferait, et il est plausible
qu'aucun ne le fait. Cependant les Français re-
fuseraient-ils, s'il en était question, d'élever une
statue à Fénélon, et les Chinois, à Confucius,
les deux plus moralement utiles et les deux plus
vertueux génies des deux pays?

Je conçois encore que dans un Royaume, les
intérêts de l'État, ou sa politique, engagent le
Souverain à ne laisser élever des statues qu'à des
princes de sa dynastie ou à des grands hommes
qui leur ont rendu d'éminens services; mais dans
une République doit-il en être de même? Je
prouverai, s'il le faut, que dans un Royaume,
cette exclusion des bienfaiteurs universels de
l'humanité est un immoral abus, une conséquence des vices de l'état social actuel.

Je demanderai à M. le Professeur, qui connaît
Socrate et Homère mille fois mieux que moi,
s'il soutient son sophisme jusqu'à prétendre que
ces grands génies n'ont rien fait pour la Grèce, et
ce qu'ils ont fait de plus pour elle que Rousseau
pour Genève : s'il serait indifférent pour elle
qu'ils eussent existé ou non? Socrate fut-il plus

utile à toute la Grèce, qu'à Athènes; Homère, à l'Univers entier qu'à la Grèce? Non, c'est pourquoi Athènes a élevé des statues à Socrate; la Grèce, à Homère : Léonidas ne les a pas obtenues exclusivement.

Oui! Berthelier et Lévrier, illustres martyrs de l'indépendance genevoise, vous méritez comme Léonidas, comme Marco Botzaris, des statues: avant M. le Professeur, j'ai réclamé ce juste hommage de notre reconnaissance, dans les *Souvenirs Genevois*, pag. 67 et 68, pour les fondateurs de nos libertés et pour nos *bienfaiteurs*, mot remarquable sous sa plume, puisqu'il leur accorde une statue, et que bien loin de pouvoir contester ce titre à Jean-Jaques, je prouverai qu'il en est le plus grand.

Certes, nous ne pouvons exclure de cet honneur Calvin et Rousseau : ils sont au premier rang de nos bienfaiteurs intellectuels; à moins que nous ne dressions, de préférence ou exclusivement, des autels aux fondateurs et aux défenseurs de la patrie, à des services, en quelque sorte *matériels*. En exclurions-nous même Lefort et Necker? en exclurions-nous tant d'autres qui méritent au moins des bustes, si nous étions aussi justes que reconnaissans pour le lustre qu'ils ont acquis à leur patrie, pour leurs bienfaits moraux, n'importe si c'est *chez elle*, *pour elle* ou dans l'étranger et pour eux-mêmes, distinctions ridicules et bien peu libérales. Je conçois cependant qu'à l'égard de ces deux derniers, nous puissions sans ingratitude laisser ce soin aux peuples qu'ils servirent ; j'accorderai même qu'il y ait peut-être des motifs plausibles pour différer le moment d'honorer Calvin comme il le mérite, d'autant plus qu'il n'est pas né à Genève ; mais Rousseau, quel mortel réunit jamais plus de titres que lui à ce privilége, même exclusif, s'il le faut?

Si la France élève de préférence des statues à Henri IV, à Louis XIV, au grand Condé, à Turenne, etc. qu'à Fénélon, Pascal, Racine, Molière, Montesquieu, Voltaire, etc., j'en ai dit la raison ; mais devons-nous suivre servilement un exemple qui nous est inapplicable? Si nous n'avons pas des Henri IV et des Condé, nous avons plus que cela, même plus que des Fénélon, des Pascal, des Racine, des Molière, des Montesquieu, et des Voltaire : nous avons ROUSSEAU.... Oui ! Rousseau, à lui seul, a rendu de plus grands services qu'eux à sa patrie, à l'humanité entière ; il l'honore plus qu'aucun des grands génies de la France, et nous hésiterions.....! Hélas ! pour couronner un tyran on n'hésite pas.

Que l'on trouve partout l'éloge et le buste d'un insensé et trop encensé conquérant ; que partout son portrait frappe douloureusement la vue, et dans les livres et dans les gravures ; que partout il soit peint en pied, et de la main des plus grands maîtres ; que partout les Français aient, dans un temps, été appelés à saluer sa statue colossale, et que je puisse à peine m'agenouiller devant le buste imperceptible du vertueux Fénélon, que cela prouve-t-il ? l'aveuglement humain, et voilà tout. Napoléon, cependant, rougit la terre du sang de ses contemporains qui l'honorèrent comme un être presque surnaturel, tandis que Fénélon ne trouva de bonheur que dans celui de ses semblables. O hommes insensés! quand cesserez-vous d'élever des autels à vos bourreaux et vous montrerez-vous reconnaissans pour vos bienfaiteurs ?

Combattons courageusement une si funeste tendance de l'esprit humain ; ramenons-le s'il le faut, par notre exemple, dans les honorables sentiers de la moralité, appliquée aux actes politiques et nationaux ; c'est ainsi que nous préviendrons, autant du moins qu'il est en notre pouvoir, les abus de l'autorité et l'égarement où les passions jettent les peuples comme les simples citoyens.

Que l'on n'élève désormais de statues qu'aux bienfaiteurs de l'humanité, à Marc-Aurèle, à Titus, à Henri IV, à Sully, à Newton, à Fénélon, à Guillaume-Tell, à Washington, à *Rousseau*....! Mais qu'on les leur élève, chez toutes les nations, et que chacune d'elles en érige particulièrement, en seconde ligne, à ses bienfaiteurs *exclusifs*, et nous rentrerons dans l'ordre naturel des choses : le monde, le bon sens, la justice, ne seront pas renversés; et, au moins sous ce rapport, l'ordre moral tournera sans obliquité sur son axe. Voulant me rendre compte de son anomalie, il y a long-temps que j'ai pensé que la déclinaison de l'axe du globe sur le plan de l'écliptique rendait impossible, par sa fâcheuse influence et en vertu de celle qu'exerce généralement le physique sur le moral, la marche de l'esprit humain sur la droite ligne, et que cela expliquait suffisamment le désordre moral qui domine sur la terre. Ne peut-on pas augurer que c'est la cause directe qui autrefois fit condamner les œuvres de notre illustre Concitoyen à passer dans les flammes, par la main du bourreau, et qui cette année a une semblable influence sur l'esprit de M. le Professeur?

Il me reste à prouver que Rousseau tient le premier ou l'un des premiers rangs parmi les bienfaiteurs de l'humanité, à qui tous les peuples doivent un éminent hommage, et à plus forte raison sa patrie, à moins que l'opinion de M. le Professeur ne soit pas un sophisme. Cela posé, j'ose croire que les Genevois en masse repousseront l'opinion déshonorante qu'ils ne lui doivent rien, et qu'ils s'empresseront de lui élever la statue projetée.

Je m'occupe d'un travail étendu, dont le but est d'éclairer le public sur les véritables titres du géant de la philosophie moderne à l'immortalité, et de réfuter tous les reproches qui lui sont faits. Il est nécessaire pour cela d'entrer dans des développemens que ne comporte point un écrit éphémère, comme celui-ci. En conséquence, je supplie instamment mes Concitoyens, et particulièrement ceux qui voulaient souscrire pour la statue et en ont été détournés ou qui le seraient, par les brochures qui paraissent en opposition, de vouloir bien suspendre cette dernière décision et de conserver, *provisoirement*, leur bonne volonté, si du moins mes réflexions et leur propre jugement n'ont pas suffi pour les confirmer dans leur louable intention.

Je me bornerai donc à esquisser le plan que j'ai suivi pour démontrer l'influence et les bienfaits de Rousseau sur le siècle et la génération actuels ; par conséquent, son utilité directe. J'ai déjà donné un précis de celle-ci dans les *Annales du Zoophilisme*, pag. 31 et suivantes, où je renvoie au besoin les lecteurs.

Je pose d'abord en principe que ce n'est point avec le microscope des théologiens, qui ne doivent cet honorable titre qu'aux fonctions ecclésiastiques dont ils sont revêtus, qu'il faut juger la grandeur colossale de Rousseau et le degré élevé qu'il occupe dans l'échelle intellectuelle : il n'est le Pontife d'aucune secte, le Chef d'aucune association religieuse. Ce n'est point non plus avec celui des docteurs, revêtus de la robe doctorale et tenant la férule scolastique ; Rousseau ne s'assit jamais sur les bancs de l'école et n'a rien de commun avec le pédantisme. *Indè ira : qui potest, intelligat....!*

Les grands génies bouleversent les traditions classiques ; désorientent les routines, les systèmes reçus ; rompent les chaînes dont l'école a héréditairement le privilége d'enlacer l'intelligence *naturelle* de ses élèves ; détruisent les préjugés et les erreurs ; déracinent les vices de l'organisation sociale qui favorisent les intérêts de corps, les priviléges et l'asservissement des esprits à certains dogmes, certains droits, certains usages, dont les Citoyens revêtus des fonctions publiques et les législateurs n'ont pas toujours pu préserver les peuples, lorsque l'on en a abusé. Ils travaillent libéralement dans le seul intérêt de l'humanité entière ; il est seulement fâcheux que celle-ci soit si aveugle sur ses vrais intérêts et méconnaisse ses *bienfaiteurs*.

Sera-ce avec le microscope des esprits à courtes vues, des âmes timorées, qu'il faut apprécier Rousseau? non, car son génie se cache pour eux dans les nues, et son cœur ne fut point corrompu par les préjugés et les vices de la Société: il fut l'enfant et l'élève de la nature qui lui dévoila directement les principes universels de l'ordre moral. Prendrons-nous donc, pour irréprochable, le jugement des hommes en place, des grands de la terre, des rois? non : il n'est point leur courtisan. Il ne peut être apprécié que par des hommes libres, vertueux, éclairés; mais simples, réfléchis, rapprochés de la nature et surtout juges intègres des erreurs, des préjugés, des intérêts et de la corruption inhérans à l'état social, tel que l'enfance et l'inexpérience du genre humain l'ont constitué.

Passons au point décisif : celui de l'utilité directe qu'on lui conteste et sans laquelle il serait indigne de la statue, selon M. le Professeur. *Rousseau naquit à Genève* : cela suffit pour immortaliser cette cité jusqu'à la postérité la plus reculée; à moins d'être tout-à-fait matérialiste, quel genre d'utilité aura la priorité sur celui-là? A une époque plus ou moins éloignée, tu passeras, ô ma patrie! mais *ton nom ne passera pas*, et l'étranger accourra sur tes ruines évoquer l'ombre de Jean-Jaques, comme il va à Rome, chercher parmi les ruines matérielles de son ancienne magnificence, des souvenirs et des preuves de l'antique grandeur de ses habitans. Genevois! serait-il donc vrai qu'à ce titre seul vous ne devriez pas à Rousseau l'hommage le plus éminent qu'il soit possible de rendre à un mortel?

Le nom de Genève est tellement identifié avec celui de Rousseau qu'ils sont inséparables. Qui pense à Jean-Jaques, pense à Genève, et qui parle de Genève, parle en même temps de Rousseau. Interrogeons les étrangers, et tous nous diront que ces deux noms sont aussi identiques que ceux de Newton et de l'Angleterre; ils nous avoueront aussi, que s'ils viennent en foule visiter notre cité, s'ils y séjournent, c'est pour respirer l'air que Rousseau respira dans sa jeunesse; pour fouler le sol qui le vit naître.

Genevois! s'il fallait à votre reconnaissance, ce que ce n'est je me garde bien de présumer, des bienfaits matériels et perpétuels, s'il fallait absolument qu'il en reste au fond du creuset pour convaincre M. le Professeur, dites-moi, vous et lui, si ce n'en est pas là un, tel que l'égoïsme le plus resserré et l'idole du jour, Plutus, lui-même, pourraient l'exiger.

Gardez-vous donc de désavouer et de méconnaître les bienfaits immédiats de Rousseau : il vous a acquis l'immortalité, en l'obtenant lui-même, et de l'or, en attirant et fixant dans vos murs les étrangers. Les spiritualistes et les matérialistes doivent être également satisfaits : ils n'ont qu'à choisir, il y a *utilité* pour tous.

Ne vous laissez pas enlever votre fils, celui qui a le plus honoré le beau titre de *Citoyen de Genève*, qu'il prit avec orgueil et qu'il n'abandonna et ne désavoua jamais, malgré vos torts envers lui. Ne l'abandonnez pas aux Français, qui ont déjà fait tant d'efforts pour vous disputer, non l'honneur de l'avoir vu naître dans vos murs, mais celui de s'énorgueillir de l'avoir possédé, accueilli, adopté et classé au premier rang de leurs grands écrivains. Ils n'ont déjà que trop profité de votre tiédeur à son égard.

Ah! si vous hésitiez à élever sa statue, dans une place publique, après en avoir si hautement manifesté l'intention ; si les sophismes de M. le Professeur séduisaient vos esprits, c'est alors, que profitant habilement de votre aveuglement et de votre ingratitude, ils vous dépouilleraient à jamais de votre belle prérogative, en élevant eux-mêmes le monument ; en le lui dédiant, s'ils ne pouvaient le faire autrement, au fond de leurs cœurs, et en portant Rousseau, leur fils *adoptif*, aux nues, dans leurs écrits, pour vous narguer.

Genevois ! seriez-vous devenus insensibles à la véritable gloire, celle d'être, quoique un point sur le globe terrestre, le fanal du monde intellectuel, de tenir le sceptre de l'ordre moral, soit politique, soit religieux : d'avoir produit Calvin et Rousseau? Prétendriez-vous honteusement qu'ils n'ont été pour vous d'aucune utilité, que vous ne leur devez aucun hommage? Qui prétendrait, en Angleterre, que Newton n'a rien fait pour les Anglais risquerait d'être à l'instant lapidé ; c'est que l'esprit national des Anglais est encore pur.

Voyez les Français, n'ont-ils pas élevé des statues, à Mirabeau, au Luxembourg ; à Malesherbes, au Palais de Justice, à Paris; et à Foy, sur son tombeau, comme de justes et éclatans hommages publics rendus aux talens oratoires, à la vertu et au patriotisme? S'il vous faut un exemple national, encore plus décisif : Zurich n'a-t-elle pas élevé un monument à Gessner, dans

une promenade publique qui lui est consacrée ?
Cependant, qu'a fait de plus Gessner pour Zurich
que Rousseau pour Genève, et, quoique grand
et l'élève de la nature aussi, n'est-il pas un nain
en comparaison? Mais Zurich sait honorer les
services intellectuels et moraux. Que diront nos
Confédérés, s'ils nous voient hésiter?

Genevois! dans cette occasion, prouveriez-vous
qu'il ne coule plus une seule goutte du sang de
vos ancêtres, dans vos veines, et devrai-je vous
adresser de nouveau, comme Régulus aux Ro-
mains, ce reproche :

Nos aïeux verront-ils leur gloire démentie!
Héritiers de leurs noms, où donc est leur génie?

N'est-ce pas Rousseau, qui portant un coup
mortel à l'oligarchie, par la publication du *Con-
trat Social* ; qui, abattant le fanatisme, par sa
Profession de foi, vous a préservés à jamais,
en préservant de même les peuples éclairés de
l'Europe, de subir le sort des farouches et ser-
viles Osmanlis, qu'un sceptre de fer peut seul
gouverner; que l'étendart de Mahomet et l'intolérance de ses dogmes peuvent seuls garantir
de tomber sous le joug de leurs ennemis ; obli-
ger à reconnaître et adorer le vrai Dieu?

N'est - ce pas lui, qui, en donnant le type

d'une éducation libérale et exempte de l'influence des vices sociaux, a facilité aux hommes faits le moyen de réformer la leur, et de conduire leurs enfans au bonheur, en les guidant par les inspirations de la seule nature ; en leur assurant ainsi les avantages d'une liberté, fondée sur les droits de l'homme et un culte pur ?

N'est-ce pas lui qui a appris aux mères à remplir leur devoir le plus sacré, celui d'allaiter elles-mêmes leurs enfans ; qui nous a délivrés de l'usage de l'homicide maillot ? Et, vous prétendriez, ingrats sophistes, qu'il n'a rien fait pour nous ? Ah ! j'en appelle au cœur des mères, qui ont rempli et remplissent les vœux de la nature ; j'en appelle à celui de tous les êtres pensans, dont il anime et étend les facultés intellectuelles !

Rousseau, qui emprunta à la nature le secret d'animer la statue de Pygmalion, ne transforme-t-il pas aussi nos cœurs de marbre en autant de temples élevés au Créateur, en faisant pénétrer jusqu'à eux des rayons directement émanés des flots de lumière qui environnent les intelligences célestes. Je ne crains pas d'en faire l'aveu, si j'élève mon âme à l'Être Suprême, si ses perfections me confondent et m'engagent à l'adorer, si la morale de l'Évangile fait mes délices, si je suis Chrétien, enfin, avec conviction et fruit ; si mon intelligence a acquis du développement, s'il y a en moi quelque bien, quelque capacité, c'est à la lecture des *Œuvres de Rousseau* que je le dois, bien plus qu'aux moyens ordinaires d'instruction. Pourquoi ? c'est qu'il parle à l'homme fait ; que sa voix est celle de la nature qui s'adresse à notre cœur, qu'il surprend, qu'il émeut, qu'il dispose favorablement malgré nous, et qu'il finit, s'il y trouve encore quelque place que la corruption n'ait pas tout-à-fait gangrenée, par convaincre et subjuguer, même par ses objections contre le Christianisme, puisqu'*en résumé* il conclut en sa faveur, et que ses doutes ne sont que ceux de la philosophie qui cherche à s'éclairer ; tandis que l'on nous fait étudier la morale dans un âge trop tendre, où l'impression des exhortations orales s'efface et où elles sont trop facilement combattues par les embûches que Satan dresse à la jeunesse dès son entrée dans le monde ; où l'esprit n'est pas assez mûr pour apprécier les dogmes religieux et les principes moraux ; où notre légèreté naturelle et l'espèce de contrainte qui nous oblige à cette étude, néanmoins *indispensable*, dès notre enfance, s'opposent à notre invariable conviction, qui ne peut être que le fruit d'un examen libre et de la maturité de l'âge.

Lors donc que l'on me dit que Rousseau n'a

rien fait de méritoire pour nous, Genevois! l'indignation me suffoque et me transporte. Si vous éprouvez les mêmes sentimens, fermez désormais l'oreille aux discours insidieux des détracteurs de votre illustre Concitoyen ; que leurs opinions erronées et leurs vues rétrécies, n'aient aucune prise sur vous! Rousseau est un colosse qui restera immobile et qui *grandira* dans les siècles à venir, malgré les attaques que l'envie, dans sa rage impuissante, ne cesse de faire contre lui, depuis soixante et dix ans.

Que vous laissiez démolir sans scrupule sa maison; qu'en réparation de cette injure et en remplacement du monument que vous lui aviez élevé dans une promenade publique, par décret légal du Conseil-Général, et qui n'a pu être détruit que pour le remplacer plus dignement, vous lui refusiez une statue, sous prétexte qu'il n'a rien fait pour sa patrie, que vous ne lui devez rien ; que des écrivains *nationaux* épuisent leur savante logique à soutenir ce sophisme ; que votre *Histoire littéraire* méconnaisse son plus beau fleuron : il n'en sera pas moins à jamais *l'immortel Rousseau*, le prince des philosophes, *le plus grand des bienfaiteurs* de l'humanité et *de sa patrie!* Il bravera la défaveur du pouvoir et l'intolérance du clergé. Mais espérons, pour l'honneur du genre humain, que justice lui sera généralement accordée et d'une voix unanime dans sa patrie, avant les cent ans que Mirabeau accorde à l'envie.

Post-Scriptum.

Lorsque les armées du Nord envahirent la France, il y a quelques années, le Général qui les commandait n'entra point à Ermenonville, et cette ville fut préservée du pillage et de tous les maux de la guerre : bien plus, elle ne fut soumise à aucune réquisition ni logemens de troupes. Qu'il est beau ! qu'il est touchant ! cet hommage des cosaques et des barbares, accourant du fond de l'Asie pour abattre un tyran, et que l'on vit apprécier le bienfaiteur de l'humanité et se prosterner si volontairement, par une inspiration naturelle, devant *le tombeau* de celui qui fit pâlir le despotisme et rugir le fanatisme.

Nous aussi ne fûmes-nous pas, à la même époque, favorablement traités et nos députés, bien accueillis par les Souverains alliés, à cause de *notre célébrité;* et à qui la devons-nous plus qu'à Rousseau ? N'a-t-elle pas facilité notre aggrégation à la Confédération helvétique, l'extension accordée à notre territoire, et l'accomplissement de tous nos vœux ?

Si la France a conservé Fernex, n'est-ce pas par l'influence du seul nom de Voltaire? Et l'on nierait les services des grands hommes ; nous nierions ceux de Rousseau, dans le sens, même *exclusif*, que M. le Professeur exige pour honorer leur mémoire d'une statue !

FIN.